BEI GRIN MACHT SICH IHR WISSEN BEZAHLT

- Wir veröffentlichen Ihre Hausarbeit, Bachelor- und Masterarbeit

- Ihr eigenes eBook und Buch - weltweit in allen wichtigen Shops

- Verdienen Sie an jedem Verkauf

Jetzt bei www.GRIN.com hochladen und kostenlos publizieren

Orthographe ancienne und orthographe moderne. Die Entstehung der französischen Orthographie im Seizième siècle

Oliver Meuser

Bibliografische Information der Deutschen Nationalbibliothek:

Die Deutsche Nationalbibliothek verzeichnet diese Publikation in der Deutschen Nationalbibliografie; detaillierte bibliografische Daten sind im Internet über http://dnb.d-nb.de abrufbar.

ISBN: 9783346592712
Dieses Buch ist auch als E-Book erhältlich.

Orthographe ancienne und *orthographe moderne.* Die Entstehung der französischen Orthographie im *Seizième siècle.*

von Oliver Meuser

RWTH Aachen
Institut für Anglistik, Amerikanistik und Romanistik
Lehrstuhl für Romanische Sprachwissenschaft

Inhaltsverzeichnis

I. Einleitung

"Wie die Kalligraphie zum Prinzip der Ideographie, so gehört die Orthographie intrinsisch zur Alphabetschrift. [...] Staat ist mit der Erfüllung der Norm nicht zu machen, doch verfehlt man sie, blamiert man sich. In der Kalligraphie beweist man Geschmack, in der Orthographie macht man Fehler."[1]

Orthographie (gr. ὀρθῶς γράφειν – *richtig schreiben*) ist dadurch definiert, dass es Schreib-*Fehler* gibt, *Schreibungen* also, die von der je geltenden Regelung abweichen. Dieser Begriff von Orthographie trifft – mangels einer geltenden Regelung – auf die französische Schreibpraxis erst – wenn überhaupt – seit der Veröffentlichung der ersten Auflage des *Dictionnaire de l'Académie Française*[2] zu, erschienen 1694. Und obwohl seither die Regelungskompetenz *de facto* beim Staat liegt – die Académie ist eine staatliche Institution –, wird die Frage, ob die Orthographie eine staatliche Angelegenheit sei, immernoch und immermehr diskutiert.[3]

Tatsächlich ist die aktuelle, so wie jede, Orthographie ein Evolutionsprodukt, das aus *Schreibungen,* mit Saussure *graphies*, entstanden ist. Es ist kein Zufall, dass das *Dictionnaire de l'orthographe française*, das Standard-Nachschlagewerk zur französischen Orthographie, im 16. Jh. einsetzt, denn erst seitdem begann sich soetwas wie "Orthographie" im oben genannten Sinne auszubilden.

Kategorial verschiedene, mehr oder weniger gleichzeitig auftretende Faktoren, bedingten den Beginn der französischen Orthographie, namentlich: 1. die zunehmende typographische Standardisierung qua Letter- und Wort-*Typen*;[4] 2. die literarische Produktion der professionellen Schreiber selbst, d.h. extensional betrachtet: a) die sog. *Schöne Literatur* französischer Autoren und französische Übersetzungen v.a. aus dem Griechischen, Lateinischen und Italienischen; b) die sprachtheoretischen Werke und Grammatiken; c) die Lexika und Wörterbücher; 3. die staatliche Intervention in Sprachfragen.

Ziel dieser Arbeit ist es, einerseits die historischen Zusammenhänge zwischen diesen Faktoren, andererseits strukturell bis heute wichtige orthographische Entwicklungen extensional darzustellen.[5] Zunächst werden die strukturellen Prinzipien dargestellt, der Orthographien bzw.

---

[1] Stetter 1997, 51.
[2] Im Folgenden DAC.
[3] Zu dieser Diskussion mit weiteren Verweisen Arrivé 1993, 100ff.
[4] Zur für diesen Zusammenhang grundlegenden Unterscheidung von "Typ" und "Token" Stetter 2005, 123-43.
[5] V. a. zwei Referenzwerke zur französischen Orthographie wurden benutzt, beide Werke von Nina Catach: erstens die *Histoire de l'orthographe française*, die *Summa* ihrer lebenslangen Forschungen zur französischen Orthographie, 2001 posthum von Renée Honvault herausgegeben; zweitens das

Graphien im Verlauf ihrer Evolution folgen, dann, im diachronen Zugriff, die Graphien bis ins Seizième siècle[6] auf ihre Prinzipien untersucht und schließlich ein tieferer Blick den orthographischen Tendenzen des Seizième siécle gewidmet. Abschließend wird ein Fazit aus der Untersuchung gezogen.

I1. Orthographische Prinzipien

Orthographie ist ein Resultat 1) von Schreibgewohnheiten derjenigen, die schreiben, d.h. von Schriftstellern, Historikern, Journalisten, Wissenschaftlern, 2) von Entscheidungen derjenigen, die drucken und herausgeben, d.h. von Druckern, Herausgebern, Verlagen, 3) von Institutionen, die standardisieren, d.h. von Lexikographen, Grammatikern, Akademien.

De facto gibt es bis ins 16. Jh. keine Orthographie des Französischen, sondern vielmehr verschiedene Graphien derjenigen, die schreiben.

Die Evolution der französischen Orthographie ist geprägt von der Opposition zweier Prinzipien, die zu jeweiligen Zeiten vorherrschten: des *phonetischen* und des *ideographischen* Prinzips. Wenn auch der linguistische t.t. "Ideographie"[7] keine Beschreibungskategorie für die Alphabetschrift ist, sondern ihr gerade diametral entgegengesetzt – ein ideographisches Zeichen ruft den Begriff unmittelbar qua graphischer Gestalt hervor, ohne Referenz auf eine phonetische Repräsentation –, ist die Bezeichnung "ideographisch", wie sie in der französischen Orthographiegeschichte gebraucht wird, doch treffend gewählt, um eine Eigenschaft der Alphabetschrift zu beschreiben, die der Ideographie ähnelt: das morphematische Prinzip, durch das es – bei hinreichender Beherrschung einer Sprache – möglich ist, Bedeutungen qua Morphem zu erschließen. Dieses Prinzip war im Griechischen und Lateinischen noch hinreichend ausgeprägt.[8] Bei der Verschriftung des Französischen ging diese "ideographische" Eindeutigkeit verloren, die Eindeutigkeit des *signifiant* infolge des Sprachwandels, die Eindeutigkeit des *signifié* infolge zahlreicher Homonyme. Orthographische Lösungen standen

---

Dictionnaire historique de l'orthographe française (im Folgenden DHOF): es stellt die orthographische Geschichte der französischen Wörter vom 16. Jh. bis zur (noch) heute geltenden Schreibung dar, v.a. anhand der Belege i) der zweiten Auflage des *Dictionnaire Francoislatin* (DFL) von R. Estienne (1549), ii) der überarbeiteten Fassung des DFL von J. Thierry (1564); iii) des *Thresor de la langue Francoyse tant Ancienne que Moderne* von J. Nicot (1606); und iv) der seit 1694 erschienen Auflagen des DAC.

[6] Auch sie müssen als *conditio sine qua non* für die spätere Orthographie behandelt werden, allerdings nur im für den Zusammenhang notwendigen Rahmen.

[7] Bußmann 2002, 289.

[8] So evoziert im Griechischen der Stamm δικ- in δικαστής, δικάζω etc., im L. *iudex, iudico* etc. den Begriff "recht(-)".

4

seitdem im Dienste entweder des phonetischen Prinzips oder des ideographischen Prinzips. Die Erlernung der Alphabetschrift – qua "Lautieren" – mag eine "phonetische Orthographie" vereinfachen, die Funktionalität der Alphabetschrift wird durch das ideographische Prinzip gefördert.[9]

III. Graphien bis zum Seizième siècle

1. Die Epoche des Übergangs

Das gesprochene Latein wurde – ohne notwendigerweise gesprochen worden zu sein – bis ins 7. oder 8. Jh. verstanden, da die Priester ihre Predigten offenbar nicht übersetzen mussten, um verstanden zu werden. Das geschriebene Latein hält sich bis in das 16. Jh. als Sprache der Administration, der Jurisprudenz und der Schule.[10]

Die Geburt der französischen Sprache hat Perret auf das Jahr 813 datiert[11], in dem auf dem Konzil von Tours gefordert wird, in der Volkssprache zu predigen:

"Et ut easdem omelias quisque aperte transferre studeat in rusticam Romanam linguam aut Thiotiscam, quo facilius cuncti possint intelledere quae dicuntur."[12]

Die ersten Zeugnisse der französischen Vulgärsprache sind Glossen des 9. Jh.s aus dem Kloster Corbie,[13] die z.B. folgende Einträge enthalten:

pulcra – bella (belle); quaeso – preco (je prie); adferam – adportam (j'apporte); semel – una vice (une fois); forum – mercatum (marché).

Die Ursache dafür, dass sich bis ins 16. Jh. keine einheitliche und eindeutige Orthographie entwickelt hat, waren zwei Hauptprobleme bereits während der Übergangsepoche vom Vulgärlatein zum Altfranzösischen, von denen das zweite intrinsisch mit dem ersten verbunden ist: erstens, die Vulgärsprache mithilfe des lateinischen Alphabets zu verschriftlichen; zweitens, dass sich dieser Verschriftlichungsprozess an phonologischen Prinzipien orientierte und ein Resultat zeitigte, das zwar hinsichtlich des "Lautierens" funktional war, aber zu einer Vielzahl von Homographen führte.[14]

---

[9] Grundlegend für diesen Zusammenhang ist die Unterscheidung von "Konstitutions-" und "Funktionsprinzip" der Alphabetschrift. Stetter 1997, 62ff.
[10] Catach 2001, 35.
[11] Perret 2008, 36.
[12] MGH Concilia 2,1, 288.
[13] Enthalten in den *Reichenauer Glossen*. Vgl. Geckeler / Dietrich 2003, 186 ff.
[14] Geschuldet der dem Französischen eigenen Vielzahl an Homonymien, z.B. das Homophon [vɛr], das, <vers> geschrieben, sowohl vert,e; (un) vers; (un) ver bezeichnete.

Dadurch, dass einerseits das lateinische Alphabet für die Verschriftlichung des Französischen im 9. Jh. zugrundegelegt worden ist, dass sich andererseits innerhalb der Zeit der Entwicklung vom Vulgärlatein[15] bis zum Französischen dem klassischen Latein unbekannte Laute entwickelt hatten, ist es zu einer zunehmenden Diskrepanz der Phonem-Graphem-Relationen gekommen. Z.B. gab es für den palatalen Lateral [λ], den palatalen Nasal [ɲ], die Affrikaten [ts, dz, tʃ, dʒ] und die Nasalvokale im lateinischen Alphabet keine graphischen Entsprechungen.[16]

2. Graphie des Altfranzösischen

Einerseits koexistierten aufgrund der starken dialektalen Zerklüftung Frankreichs während des gesamten Mittelalters mehrere Graphien nebeneinander, andererseits näherten sich aber die Schreibgewohnheiten immer mehr einander an. Vielerorts übereinstimmend findet sich z.B. [ɲ] als <ign> (<gaaignier> - gagner), finales <us> abgekürzt <x> (<chevax> < <chevaus>); es gibt wenige stumme oder doppelte Buchstaben; [e] als <ez> oder <es>, [ɛ] als <es> oder <e> geschrieben, wenn von einem Doppelkonsonanten gefolgt.[17]

Es gibt jedoch bereits Relatinisierungstendenzen, wie u.a. die *Serments de Strasbourg* belegen, wo sich z.B. *donet* statt *dunat*, *commun* statt *comun* findet und die Zweikasusrektion orthographisch realisiert ist: *deus, Karlus* im casus rectus, *deo* und *Karlo* im casus obliquus.

Im Allgemeinen ist die Graphie des Altfranzösischen allerdings phonetisch, weist aber einige ideographische und etymologisierende Züge auf.[18] Sie steht – typisch für orale bzw. präliterale Gesellschaften wie es die des europäischen Früh- und Hochmittelalters war – im Dienste der Mündlichkeit, d.h. von Rezitation, von symbolischem Verlesen, Schwören.

---

[15] Zum Begriff Berschin et al. 2008, 58-64.
[16] Vgl. Geckeler / Dietrich 2003, 79.
Die Ansicht, dass das heutige Alphabet aus denselben 26 Buchstaben wie das deutsche (ibid. : 80.), beruht auf der dysfunktionalen Sichtweise. Denn <é>, <è> und <ç> sind de facto Buchstaben, da die sogenannten Diakritika accent aigu, accent grave und circonflexe nur in bestimmten Kontexten und zwar invariabel vorkommen. Im Gegensatz zu tatsächlichen Diakritika wie z.B. der Akut, Gravis und Zirkumflex im Altgriechischen, wo der Gravis dann und nur dann auf der Endsilbe eines Wortes steht, wenn keine Interpunktion folgt und Oxytona und Perispomena bei der Elision zu Paroxytona werden.
[17] Catach 2001, 49.
[18] Catach 2001, 37ff. Zum Verhältnis zwischen Paris und den Provinzen Catach 2001, 65f.

3. Die Graphie des Mittelfranzösischen

Bis zum Ende des 13. Jh.s vergrößerte sich der Abstand zwischen gesprochener und geschriebener Sprache so, dass die Graphie der Schreibenden als eine Mischung regionaler und supraregionaler Elemente erscheint, die mehr oder weniger unabhängig von den gesprochenen Dialekten war.

Seit dem 13. Jh. lässt sich im pays d'oïl die Verbreitung eines Dialekts erkennen, der seit dem 19. Jh. als "Franzisch" bezeichnet wurde und unter dem man einen gesprochenen Dialekt um die Île-de-France verstand, der sich aufkosten der übrigen Dialekte durchgesetzt habe.

Heute spricht man stattdessen von einem "français central" als einer Menge literarischer und administrativer Gebräuche, die sich – v.a. aus politischen Gründen – zunächst im pays d'oïl und später im pays d'oc durchgesetzt haben.[19] So stellt Nina Catach fest:

> "Le *français* n'est donc pas, comme l'italien ou l'espagnol, la continuation d'un seul dialecte (comme le toscan ou le castillan) avec ses normes fixées d'avance, c'est une koïne."[20]

Dieser Dialekt war also ein Kompromissdialekt zwischen Formen, die den verschiedenen Dialekten des pays d'oïl gemeinsam waren und deren bis heute reichende Folgen das *bon français* und das *parisien cultivé* gezeigt haben.

Die Graphie auch des Mittelfranzösischen folgt zwar weiterhin auch dem phonetischen Prinzip, ist aber dominiert von dem ideographischen Prinzip, in dessen Dienste etymologische, historische, morphologische und semantische Veränderungen standen.[21]

Phonetisch motiviert sind die Doppelkonsonanten *nn, mm* , die a) ursprünglich für *a, i, o, u* Nasalisierung markierten bei Wörtern wie *homme* [ɔ̃m], *femme* [fãm], die in der Folge teilweise wieder denasaliert wurden; b) für *e, o* Qualität markierten (fermé, ouvert, muet).

Es werden eine Vielzahl ideographischer Buchstaben hinzugefügt, oft etymologisch motiviert, um Homographe zu unterscheiden. Z.B. <h> in *huile* (*huile*), ante *uile*, zur Unterscheidung von *uile* (*ville*); finales <y> als littera legibilior für <i>, z.B. in *icy* (*ici*), idem *l* in *moult* (*moult* ante *mout* < lat. *multum,* abgekürzt *mlt*).[22] Etymologisch motiviert sind auch die Schreibungen *vingt* (lat. *viginti*), *corps* (lat. *corpus*), temps (lat. *tempus*), *tant* (lat. *tantum*): *debvoir* (lat. *debere*), *faict* (lat. *factum*), *homme* (lat. *homo*).

---

[19] Catach 2001, 44.
[20] Catach 2001, 45.
[21] Catach 200, 78f, die von "temdences phonétiques" und "tendences étymologique, historique, morphologique et sémantique" spricht.
[22] Catach 2001, 141.

Beeinflusst durch die königlichen Kanzleien der gestärkten Monarchie, i.e. Zentralisierung, folgt die Graphie des Mittelfranzösischen stärker als zuvor dem ideographischen Prinzip, d.h. sie dient *imprimis* der Lesbarkeit von Wörtern.

IV. Die Graphie im Seizième Siècle

Bis in das 16. Jh. gibt es keine einheitliche französische Sprache und daher auch keine einheitliche französische Graphie, mit Ausnahme der administrativen und juristischen Praktiken des Hofes, die das Vorbild für die der Privatkopisten und Schriftsteller waren und so das Geschriebene dominierten. Insbesondere der praktischen Notwendigkeit seitens der im 15. Jh. entstehenden Druckereien ist es zu verdanken, dass die Graphie des Französischen sich zunehmend zu vereinheitlichen begann. Seit dem ersten Drittel des 16. Jh.s werden unter dem Einluss der Reformation[23], der Monarchie, der professionellen Schreiber und *imprimis* der Drucker die Fundamente der modernen Orthographie gelegt. Nina Catach hat die Unterscheidung von einer *orthographe ancienne* und einer *orthographe moderne* oder *nouvelle* übernommen, wie sie sich im 16. Jh. entwickelt hat und wie sie sich bereits bei den Zeitgenossen findet.[24] *Orthographe ancienne* ist die – zunächst handschriftliche – Orthographie der königlichen Kanzleien, der Provinz-Verwaltung, der Kleriker und *imprimis* der Schulen, d.h. auch die der   französisch-lateinischen Schulwörterbücher des 16. Jh.s.[25] Sie ist also auch eine *Humanistische Orthographie*. *Orthographe moderne* ist die Orthographie des Gedruckten. Sie wurde beeinflusst durch das literale Beispiel der professionellen Schreiber. Die visuelle Eindeutigkeit wurde v.a. durch typographische Innovationen, insbesondere vonseiten der Setzer, und durch Standardisierung der Texte, d.i. Wörter, vonseiten der Korrektoren geregelt.[26]

1. Der Einfluss der Monarchie

Die 1539 von François Ier erlassene *Ordonnance de Villers-Coterêts*, die erste weitreichende Intervention von staatlicher Seite in Sprachbelangen, begründete die bis heute bestehende

---

[23] Die Reformation war bekanntlich bereits im 16. Jh. die Religion des Buchdrucks und des Geschriebenen par excellence. Die meisten Autoren und Drucker dieser Zeit standen den Ideen der Reformation nahe. Catach 2001, 103. Zur Bedeutung dieser großen Bewegung für die Orthographie Baddeley 1993.

[24] Catach 2001, 147; 151; 174.

[25] Catach 2001, 174.

[26] DHOF, IX.

Tradition der Sprachpolitik in Frankreich. Durch die Verordnung a) ersetzte das Französische offiziell das Lateinische als Sprache von Rechts- und Verwaltungstexten,[27] und b) verdrängte der Dialekt der Île de France zunehmend die Dialekte.

Das Dekret markierte zwar nicht den letzten, aber doch einen relativ späten Schritt der Entwicklung, in deren Verlauf die Grundsteine des heutigen Französisch gelegt wurden. Gleichzeitig ist es Ausdruck eines scheinbaren *paradoxon*, dass das klassische Latein in Frankreich zu dem Zeitpunkt, an dem es seine höchste Blüte hatte, erstmals den Status einer toten Sprache erhielt:

> "[Le latin] ne pouvait pas, sans de véritables tours de force, traduire la pensée du XVIe siècle."[28]

Das Dekret lässt sich – wie alle seine kulturpolitischen Maßnahmen – erst aus der persönlichen Entwicklung Franz' I. heraus verstehen. Zuerst seine Mutter und sein Lateinlehrer Desmoulins hatten ihn sensibel gemacht für humanistisches Bildungsgut. So erklärt es sich, dass er sich in späterer Zeit in allen Kulturbelangen auf Humanisten wie Budé und die Estiennes stützte.[29] Auf Initiative von Guillaume Budé stiftete er 1530 *lecteurs royaux* für Griechisch, Hebräisch und Mathematik – kurz darauf auch für Latein –, die zum *Collège Royal* wurden.[30] Budé, Frankreichs Erasmus, verkehrte u. a. mit dem niederländischen Original und mit Thomas Morus.[31]

Die Bedürfnisse der zunehmend zentralisierten Bürokratie zeitigten die pragmatischen Lösungen der königlichen Kanzleien, die sich an den zwei traditionellen Prinzipien a) der visuellen Eindeutigkeit und b) der Beibehaltung der etymologischen Schreibungen orientierten. Ersteres Prinzip diente der Effizienz der Schreibproduktion:

> "[...] des lettres diacritiques visent à mieux séparer les graphèmes, les syllables et les mots afin de lire mieux tout en écrivant beaucoup et rapidement."[32]

---

[27] Cf. Geckeler / Dietrich 2003 : 217.
[28] Brunot 1967, 2f.
[29] Sieburg 1997, 49-61; Kohler 1994.
[30] Sie gingen später im *Collège de France* auf.
[31] Bekannt ist Budé für seine Leistungen sowohl in der römischen wie in der griechischen Altertumskunde: er gab der *Collection Budé* griechischer und lateinischer textkritischer Ausgaben den Namen, die – teilweise – bis heute Referenzausgaben sind. Er gab die römischen *Pandekten* heraus, ein Buch über die römische Währung, und einen *Fürstenspiegel*, eine Sammlung antiker Texte, Lehr- und Sinnsprüche und Darstellungen historischer Ereignisse, die *Commentarii*, römische – v.a. juristische – Terminologien, die *Philologia*, einen Dialog über die Philologie als Verfeinerung der Sitten und die griechische Philosophie als Vorbereitung des Christentums. Nesselrath 1997, 121; Graf 1997, 109.
[32] DHOF, IXf..

Letzteres Prinzip diente der Effizienz der Schriftverbreitung. Aufgrund der Dezentralisierung der Provinzen "war das geschriebene Latein der einzige Referenzpunkt, da in ihm der Sinn und nicht die Aussprache entscheidend ist"[33] – die klassische Situation der Diglossie.

2. Der Einfluss der *professionals*

Die *Questione della lingua*[34] zeitigte nicht nur Folgen für die französische Sprachfrage: durch sie bedingt waren die Forderungen, das Französische einerseits durch die Mittel der *elocutio*[35] zu bereichern, andererseits durch grammatische Regeln zu ordnen, um es auf das Niveau der alten Sprachen zu heben; sondern auch eine lebhafte Debatte um die Orthographie.

Ein Markstein war das Jahr 1550, das Jahr der – so Nina Catach – "bataille de l'orthographe".[36] Es erschienen – allerdings handschriftlich – maßgebliche Werke von Pierre de Ronsard in vereinfachter Orthographie: Ronsard benutzte interne Akzente, den Zirkumflex und Diakritika; er unterdrückte diakritische Konsonanten, wenn sie stumm waren, und die Doppelkonsonanten; machte sparsameren Gebrauch des *y calligraphique*, der alten Hiatus und des stummen *z final*.[37] Ronsards orthographische Neuerungen haben eine große Vorbildwirkung auf die Schreibpraxis des 16. Jh.s ausgeübt: von den von Nina Catach untersuchten 188 Druckern, 300 Autoren und 900 Werken zwischen 1530 und 1600 erschienen 41% der Autoren und 56% der Werke in ronsardscher Orthographie.[38]

Während François Rabelais der *ancienne orthographe* bewusst verhaftet blieb, suchte Clément Marot wegen der von ihm bitter beklagten Edition seiner Werke den Kontakt zu den großen Druckern und hatte einigen Anteil an den fortschrittlichen, *quasi modernen* Editionen der späteren Zeit. Insgesamt ist die Orthographie für die Zeit bis in das letzte Viertel des 16. Jh.s alles andere als einheitlich; dennoch weisen in 84% der während der Renaissance

---

[33] Ibid., Übers. O. M.

[34] *Vorzeitig* entschieden, bis sie mit Manzoni wieder auflebte, wurde sie 1542, im Erscheinungsjahr von Speronis *Dialogo delle lingue*, den Du Bellay in seiner 1549 erschienen *Deffence, et Illustration de la Langue Francoyse* wenn nicht kopierte, doch stark imitierte. Mayer 1997, 147.

[35] Lausberg 1990, §§483-1082. Es waren dies v. a.: Entlehnung a) aus anderen Sprachen, imprimis aus dem Lateinischen, b) aus den Fachsprachen, c) aus dem Altfranzösischen (die sog. Archaismen); der Neologismus. Cf. Berschin et al. 2008, 225f.

[36] Catach 2001, 116.

[37] Catach 2001, 122f. Ronsards Gebrauch der Diakritika stimmte nicht mit dem modernen überein.

[38] Catach 2001, 125; 145, Anm. 141. Dennoch haben sich die Neuerungen von Ronsards "bunter" Orthographie vorerst nicht durchgesetzt, da sie bereits in den ersten Editionen nach seinem Tode von den Druckern getilgt worden sind.

veröffentlichten Bücher die größten Autoren eine modernere Orthographie auf als die des 17. Jh.s.[39]

Die *Querelle de l'orthographe* berührte aufgrund ihres zentralen Streitpunkts – phonetische oder etymologische Schreibung – notwendigerweise morphologische, d. h. grammatische Fragen. Grammatik war *ad id tempus* die Domäne des Griechisch- und Lateinunterrichts gewesen. Französische Grammatiken hatte es zwar als "praktische" Lernhilfen für Ausländer gegeben, aber die erste französische Grammatik in Frankreich und für Franzosen war die 1531 von Jacques Dubois (Sylvius) veröffentlichte *In Linguam Gallicam Isagωge, unà cum eiusdem Grammaticam Latino-gallica, ex Hebraeis, Graecis & Latinis autoribus*, die – wie fast alle Grammatiken des 16. Jh.s – auf der lateinischen Schulgrammatik basierte – sie kannte ja jeder literalisierte Franzose aus dem Lateinunterricht.

Der Grammatiker Meigret schlug die Einführung des *j* vor, um *i* und *j* (*iurer – jurer*) unterscheiden zu können, wagte aber noch nicht die Einführung des *v*, um es vom *u consonne* (*uua – uva; cheual – cheval*) zu unterscheiden. Neben den wenigen extremen *Phonetikern*, darunter v. a. Maigret, Peletier und Ramus, zielten aber die Reformversuche nicht auf eine vollständige Revolution der graphischen Gewohnheiten; die offenbar immensen orthographischen Inkonsequenzen scheinen vielmehr dialektalen Aussprache-Varianten geschuldet gewesen zu sein.

3. Der Einfluss der Drucker

Noch vor der *Ordonnance de Villers-Coterêts* hatte François Ier die grundlegende Maßnahmen wie die Einrichtung des *Collège royal* und der *Imprimerie royale* durchgeführt.

Die wichtigsten typographischen Innovationen, Grundlage der Typographie der Renaissance, führte Geofroy Tory ein, der seit 1529 durch sein Amt als offizieller Drucker von François Ier großen Einlfluss auf das Gedruckte ausübte. Humanist, Grammatiker und Korrektor (u. a. bei den Estienne), hatte er bereits 1523 aus dem Kloster Subiaco nahe Rom die "römischen" Lettern mitgebracht und um *accent aigu, accent grave, circonflexe, apostrophe* und die *cedille*[40] bereichert. In seinem 1529 mit den neuen Lettern gedruckten *Champ Fleury* formulierte Tory die Probleme der Typographie des Französischen und seine Vorschläge für deren Lösung:

---

[39] Catach 2001, 125.
[40] Diese war aus dem Spanischen entlehnt (ibid.).

"En nostre langage Francois nauons point daccent figure en escripture, et ce pour le default que nosre langue nest encores mise ne ordonnee a certaines Reigles comme les Hebraique, Greque et Latine. Ie vouldrois quelle y fust ainsi que on le porroit bien faire."[41] Diese Innovationen führte Tory später durch den Druck eigener Werke ein, darunter wahrscheinlich auch die einflussreiche *Briève Doctrine*.[42] Allerdings wurden die Diakritika, wie sie Tory gebrauchte, a) zunächst nur für lateinische Texte und b) in keinem Fall in der heutigen Funktion gebraucht.[43]

Robert Estienne, möglicherweise Schüler von Tory[44] und einer der vier Pariser Drucker, die über akzentuierte Lettern verfügten, führte erstmals den *accent aigu final* ein und benutzte, nachdem er Sylvius' Grammatik gedruckt hatte, den *accent grave final*. Sein 1538 erstmals gedrucktes *Dictionnaire francoislatin* war zusammen mit dem 1606 gedruckten *Thresor de la langue francoyse* con Francois Nicot das orthographische Referenzwerk für Schulen, Universitäten, für die Verwaltung und seit dem 17. Jh. für die Redakteure des *Dictionnaire de l'Académie française*.[45]

3.1 Die basalen typographischen Innovationen

Die Akzente, eingeführt von den Druckern der *Modernen Orthographie*, ersetzten zunehmend die adskribierten Buchstaben in diakritischer Funktion.

Der *accent aigu* ersetzte zunächst *s muet* (*dépit* < *despit; étendre* < *estendre*), wurde dann dem *e finale* vor *e* und *s final* (*accés*) und Präfixen (*dégager; prédominer*) sowie Feminina auf *–ée* und *ées* zugefügt. Estienne führte den *accent aigu finale* zur Unterscheidung von *e fermé* und *e muet* ein. Seit dem DAC 1740 wird der *accent aigu* systematisch für *e fermé* in jeder Silbenposition, statt *s muet* oder in Präfixen lateinischer Herkunft, benutzt.

Den *accent grave* als Diakritikon (*a – à, la – là, ou – où*) führte Estienne ein, das DAC 1694 verwarf ihn, das DAC 1740 nahm ihn wieder auf.

j und *v* als zusätzliche Buchstaben wurden bereits seit Mitte des 16. Jh. von Estienne und anderen gebraucht und vom DAC 1694 aufgenommen, und zwar *j* für *i consonne* und *g latin*

---

[41] Zit. nach Catach, 107. Es gibt neben der typographischen Reproduktion durch R. Cohen auch ein Faksimile (Geofroy Tory: Champ fleury. Intr. par J. W. Jolliffe, Paris 1970 [non vidi.])
[42] Catach 2001, 110 f.
[43] Catach 2001, 129. Sie stellt S. 117 fest, dass juristisches, administratives und sonstiges offizielles Schriftwerk die Kanzleien ohne Zwischenstufe über Korrekteure verließ und so direkt in die königliche Druckerei gelangten. Dieses hatte also einen erheblichen Einfluss auf die Evolution der Orthographie.
[44] Catach 2001, 113ff.
[45] DHOF, XIIIff.

(e.g. *déjeuner*: *desuiner* 1549, *desieuner* 1606, *desjeuner* 1694; *jambe*: *iambe* 1549/1606, *jambe* 1694.); *v* für *u consonne* (*avoir*: *auior* 1549/1606, *avoir* 1604.). [46]

V. Fazit

Die Traditionalisten traten für eine "humanistische" Orthographie[47] ein, die im Dienste einer *imitatio* der alten Sprachen, insbesondere des Lateinischen, stand, an denen es sich zu behaupten hatte. Hier lässt sich schwerlich eine Analogie zur sprachlichen Situation Roms im 3. Jh. v. Chr. übersehen, als sich die patrizische Elite durch die Formung des Schriftlateins am Modell des Griechischen von den *plebeii* abgrenzte.[48] Jedoch war die Zielsetzung der Humanisten eine andere: ihnen ging es nicht um eine soziale Differenzierung durch einen *sermo urbanus* von dem *sermo rusticus* der Ungebildeten:[49] sie waren zum Großteil selbst Drucker und daher a) an einer möglichst typographisch effektiven Orthographie und b) an einer möglichst weiten Verbreitung von Schriften interessiert.

Die Merkmale der *humanistischen Orthographie* waren[50]: a) visuelle Eindeutigkeit: *ianuier – janvier*; b) semantische Eindeutigkeit: *h étymologique* in *uile* (*ville* oder *huile*) > *huile* (< l. *oleum*);[51] c) semantische Analogie: *connoistre > co(n)gnoistre*.[52]

Vieles davon, wie es sich, stark beeinflusst von Ronsard, akzeptiert von den meisten Schriftstellern und Druckern, im Zeitraum von den 1530er bis zum Ende der 1550er entwickelt hat, hat sich in der *orthographe moderne* gehalten.

Gekennzeichnet ist diese im Wesentlichen – d.h. wie es sich in 90% der großen Reformen im DAC 1740 zeigt – durch die Ersetzung der adskribierten diakritischen Buchstaben durch diakritische Zeichen. Damit steht sie – wie es aus heutiger Perspektive erscheint – im Dienste derselben Zwecke [s.o. a)-c)] wie die *Humanistische Orthographie*. Ein typischer *casus*

---

[46] DHOF s. vv.

[47] Catachs "Orthographe ancienne": Catach, 137ff. u. passim.

[48] Pulgram 1975, 289.

[49] Diese Unterscheidung geht zurück auf Quintilian, der den *sermo urbanus*, die zum klassischen Latein entwickelte Hochsprache, vom *sermo rusticus* unterscheidet (Quint. Inst. 6,3,17).

[50] Ich teile im Grunde die Befunde, weiche aber von der – etwas unklaren – Terminologie von Catach 2001, 139-44 und Catach 1978, 13-22 ab.

[51] Bis zur Einführung des *v* semantisch ambig.

[52] Den mfrz. Wörtern der Wortfamilie, die aus dem lat. Stamm *cogn-* hervorgegangen sind (*connoistre, connoissance, ...*), wird ein etymologisches *g* zugefügt: da *connoistre* < l. *cognoscere* < gr. γιγνώσκω, wird *connoistre* zu (1549) *cognoistre / congnoistre*.

DHOF, 268 s. v. *connaître*. Zu den übrigen hier wirksamen Überlegungen Catach 2001, 143.

grammaticus: die nicht ganz unsichtbare Hand[53] der Humanisten, Typographen und Korrekteure zeitigte Folgen, die keiner von ihnen *so* beabsichtigt hatte.

Sowohl die erste französische "Ortho-graphie", die *orthographe moderne*, wie sie erstmals im 16. Jh. evident wird, als auch ihre heutige Gestalt, ist – hier kann man Nina Catach zustimmen – eine *gemischte Orthographie*;[54] sie ist aber nicht in erster Linie phonetisch bzw. phonologisch mit nur einigen notwendigen, sekundären, ideographischen Zügen, – v.a. durch Zufügung semantischer Ergänzungen.[55] Denn das Funktionsprinzip der Alphabetschrift liegt nicht im "Lautieren" begründet, sondern dient *"ausschließlich* dazu, *lesbare Wörter* oder *Texte* zu schreiben".[56] Catach selbst stellt zutreffend fest, dass die ideographischen Züge dem Zweck dienen, "schnell und eindeutig zum Auge zu sprechen so, dass der Begriff selbst ohne jede Schwierigkeit hervorgerufen werden kann."[57] Verleiten zu dieser Privilegierung des Phonetischen mag der hohe Grad an Graphem-Phonem-Korrespondenz, wie sie im Französischen geregelt und in Regeln gefasst ist, sodass beim Lesen die Abbildung der Grapheme auf Phoneme tatsächlich zwar nicht eindeutig, aber doch eindeutiger ist als es beispielsweise im Englischen oder Deutschen der Fall ist, wo man häufig das orale Wort kennen muss. Dass die Orthographie tatsächlich eine stärker durch das ideographische Prinzip geleitet ist, zeigen die jüngsten orthographischen Reformen, die im Dienste *phonetischer* "Vereinfachungen" stehen.

---

[53] Keller 1994.
[54] DHOF, X.
[55] Ibid.
[56] Stetter 1997, 59. [Stetters Kursive.]
[57] "[...] à parler vite et distinctement aux yeux, de façon à ce que l'idée elle-même puisse être mobilisée sans aucune difficulté." DHOF, X. [Übers. O.M.]

14

Bibliographie

Arrivé, M.: Réformer l'orthographe?, Paris 1993

Baddeley, S.: L'Orthographe française au temps de la Réforme, Genève 1993

Berschin, H. et al.: Französische Sprachgeschichte, Hildesheim/Zürich/New York 2008

Brunot, F.: Histoire de la langue française des origines à nos jours, Bd. 2, Paris 1967 [ND]

Bußmann, Hadumod: Lexikon der Sprachwissenschaft, [3]Stuttgart 2002.

Catach, Nina (Hg.): Dictionnaire historique de l'orthographe française, Paris 1994. (= DHOF)

Catach, Nina: Histoire de l'orthographe française, Paris 2001

Catach, Nina: L'Orthographe, Paris 2011 (= *Que sais-je?* 685)

Cerquilini, B.: La genèse de l'orthographe française. XIIe-XVIIe siècles, Paris 2004

Graf, F.: Einführung in die Lateinische Philologie. Stuttgart/Leipzig 1997.

Holtus, G. et al. (Hgg.): Lexikon der romanischen Linguistik, Bd. 5,1: Französisch, Tübingen 1990

Keller, R.: Sprachwandel. Von der unsichtbaren Hand in der Sprache. Tübingen und Basel 1994

Kohler, A.: Franz I. (1515-1547), in: Hartmann, P. C. (Hg.): Die französischen Könige und Kaiser der Neuzeit 1498-1870, München 1994

Lausberg, H.: Handbuch der literarischen Rhetorik. Eine Grundlegung der Literaturwissenschaft. Mit e. Vorw. v. Arnold Arens. Stuttgart 1990

Mayer, K.: Die *questione della lingua*. Auf der Suche nach einer Sprache für die Nation, in: Naguschewski, D. / Trabant, J. (Hgg.): Was heißt hier "fremd"? Studien zu Sprache und Fremdheit, Berlin 1997, 137-149

Meyer, J.: Frankreich im Zeitalter des Absolutismus 1515-1789, Stuttgart 1990 (= Geschichte Frankreichs. Bd. 3, hg. v. Jean Favier)

Nesselrath, H. G. (Hg.): Einführung in die Griechische Philologie. Stuttgart/Leipzig 1997

Perret, M.: Introduction à la langue française, Paris 2008

Pulgram, E.: Latin-Romance phonology. Prosodics and metrics, München 1975

H. Rahn (Hg.): Marcus Fabius Quintilianus. Ausbildung des Redners. Zwölf Bücher. Lateinisch und deutsch, [3]Darmstadt 1995.

Rey, A. (Hg.): Dictionnaire historique de la langue française, 3 Bd.e, [3]Paris 1998 (= DHLF)

Sieburg, H. O.: Grundzüge der französischen Geschichte, Darmstadt 1997

Stetter, C.: Schrift und Sprache, Frankfurt a. M. 1999

Stetter, C.: System und Performanz, Weilerswist 2005

Werminghoff, A. (Hg.): Concilia aevi Karolini [742-842], Hannover/Leipzig 1906 (= MGH Concilia 2,1)